Construction Véhicule

Livre de Coloriage

© 2015 par Avon Coloring Books

Tous droits réservés. Aucune partie de cette publication ne peut être copié, reproduit dans n'importe quel format, par aucun procédé, électronique ou autre, sans le consentement préalable du détenteur du droit d'auteur et de l'éditeur de ce livre.

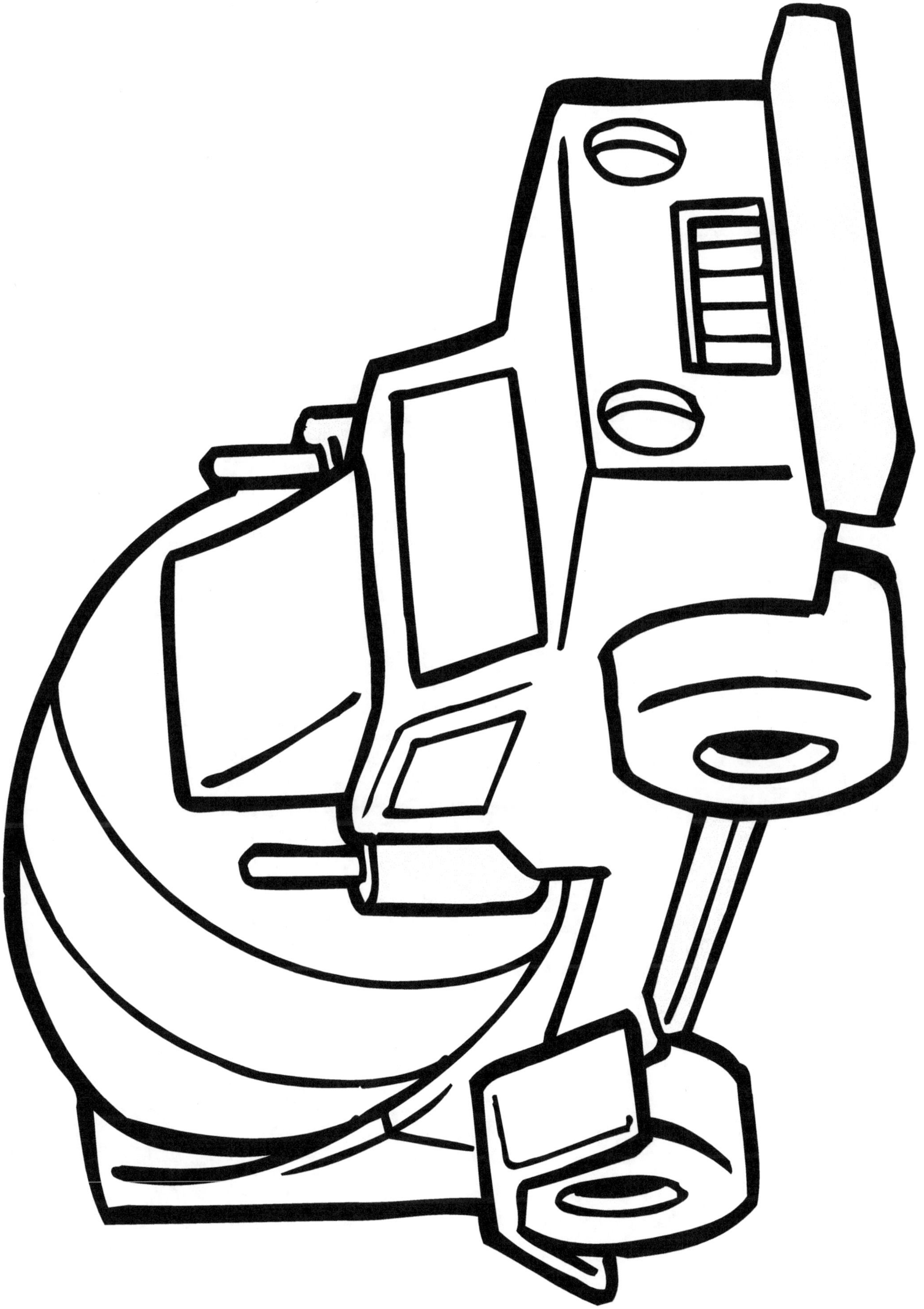

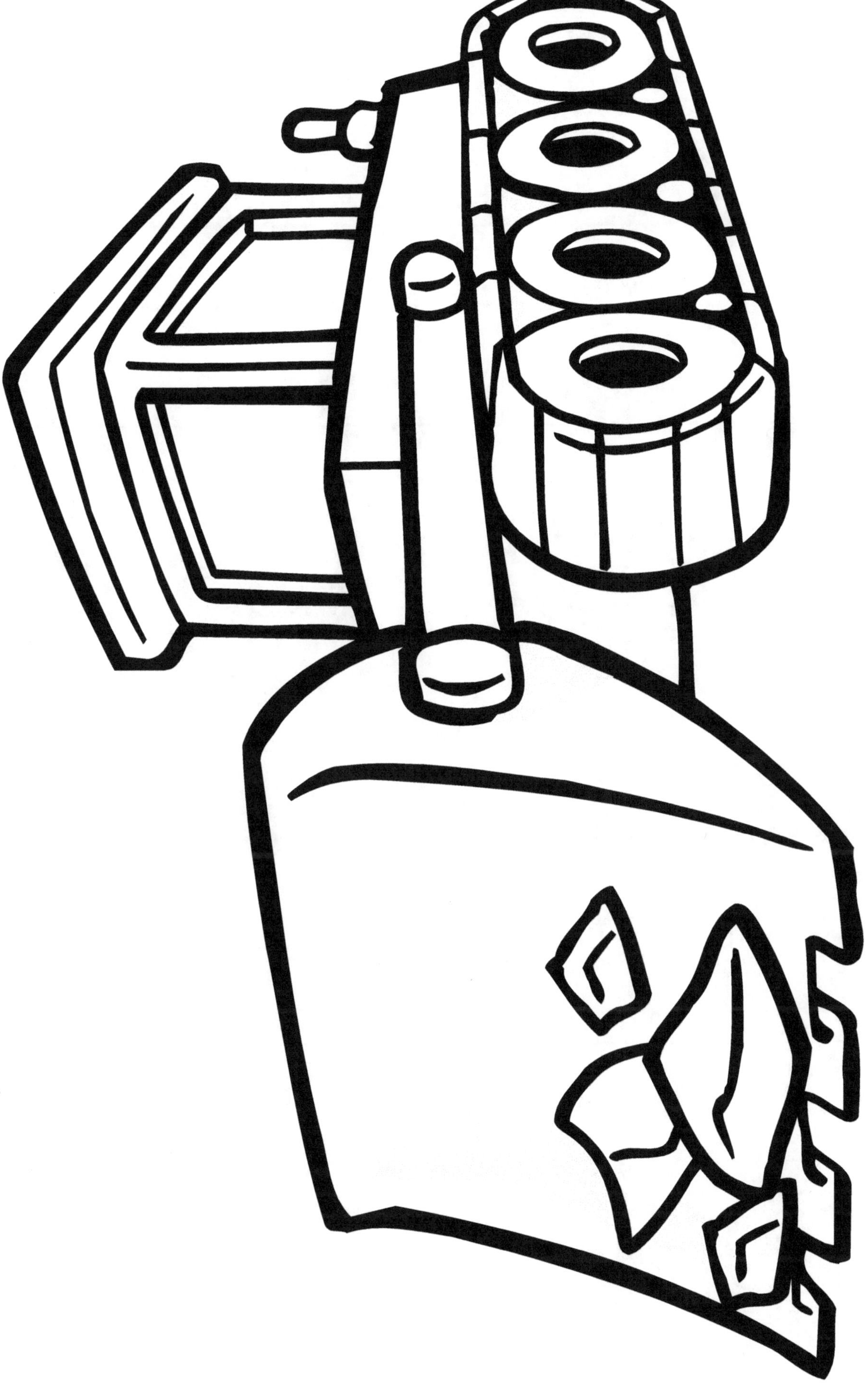

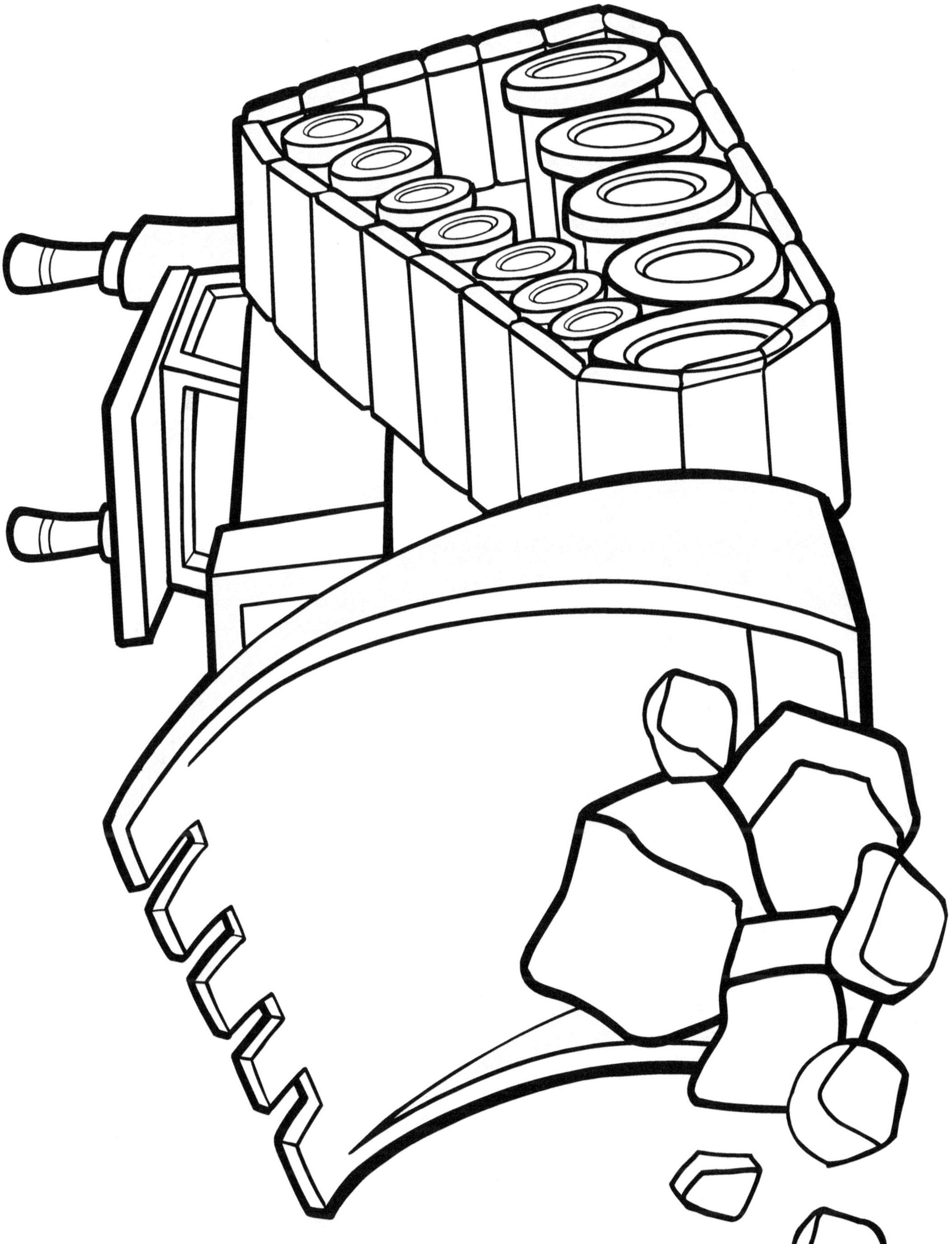

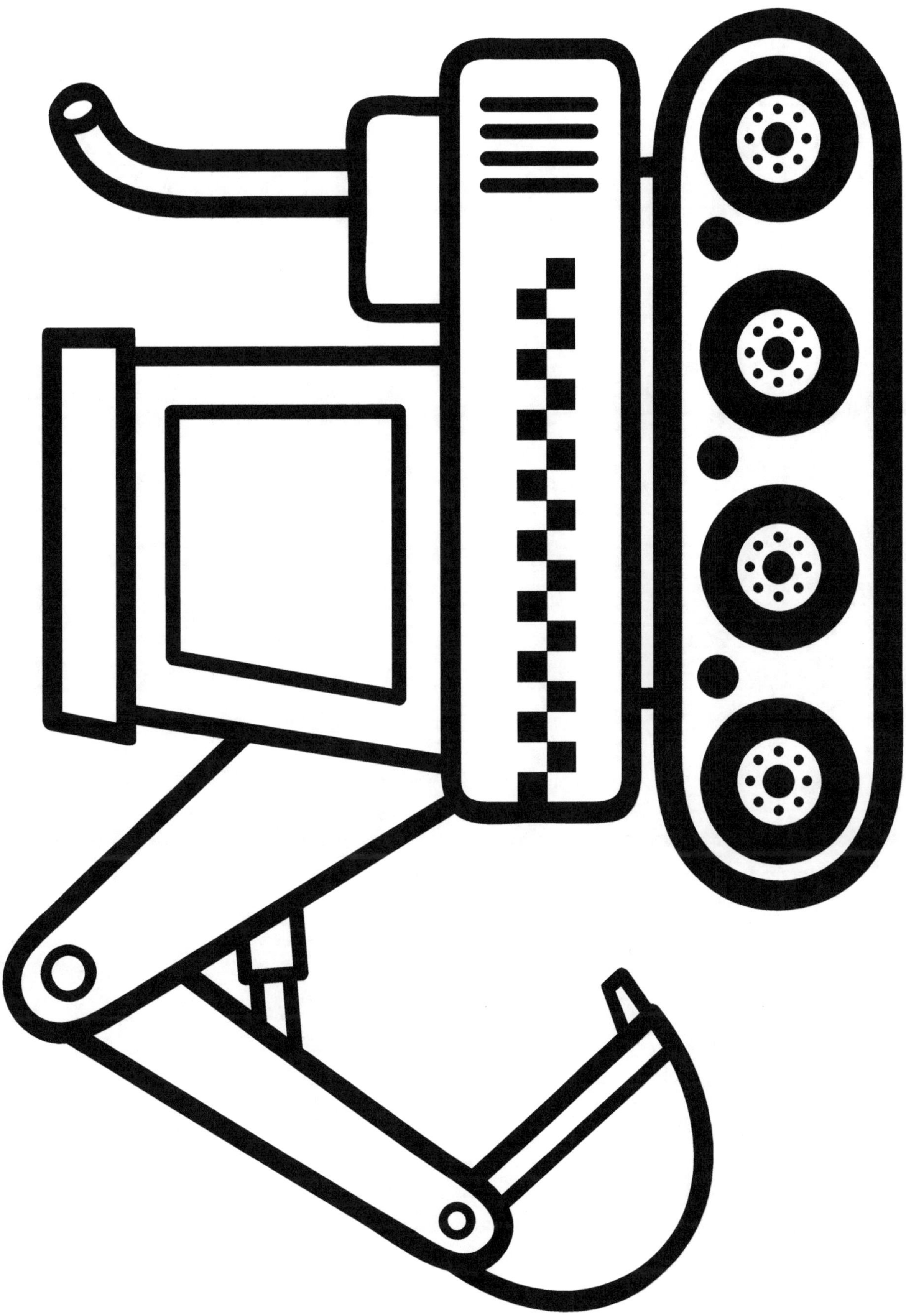

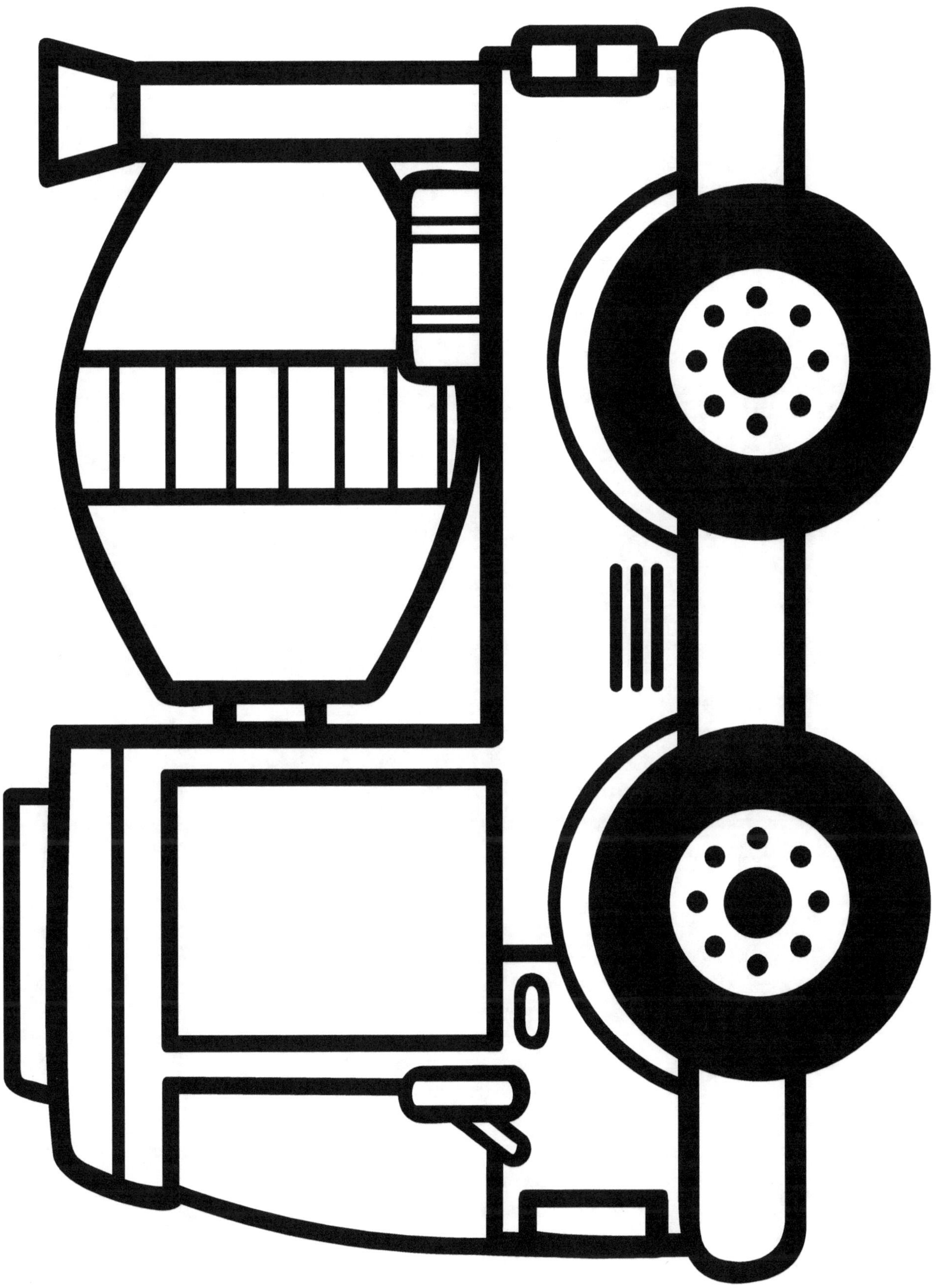

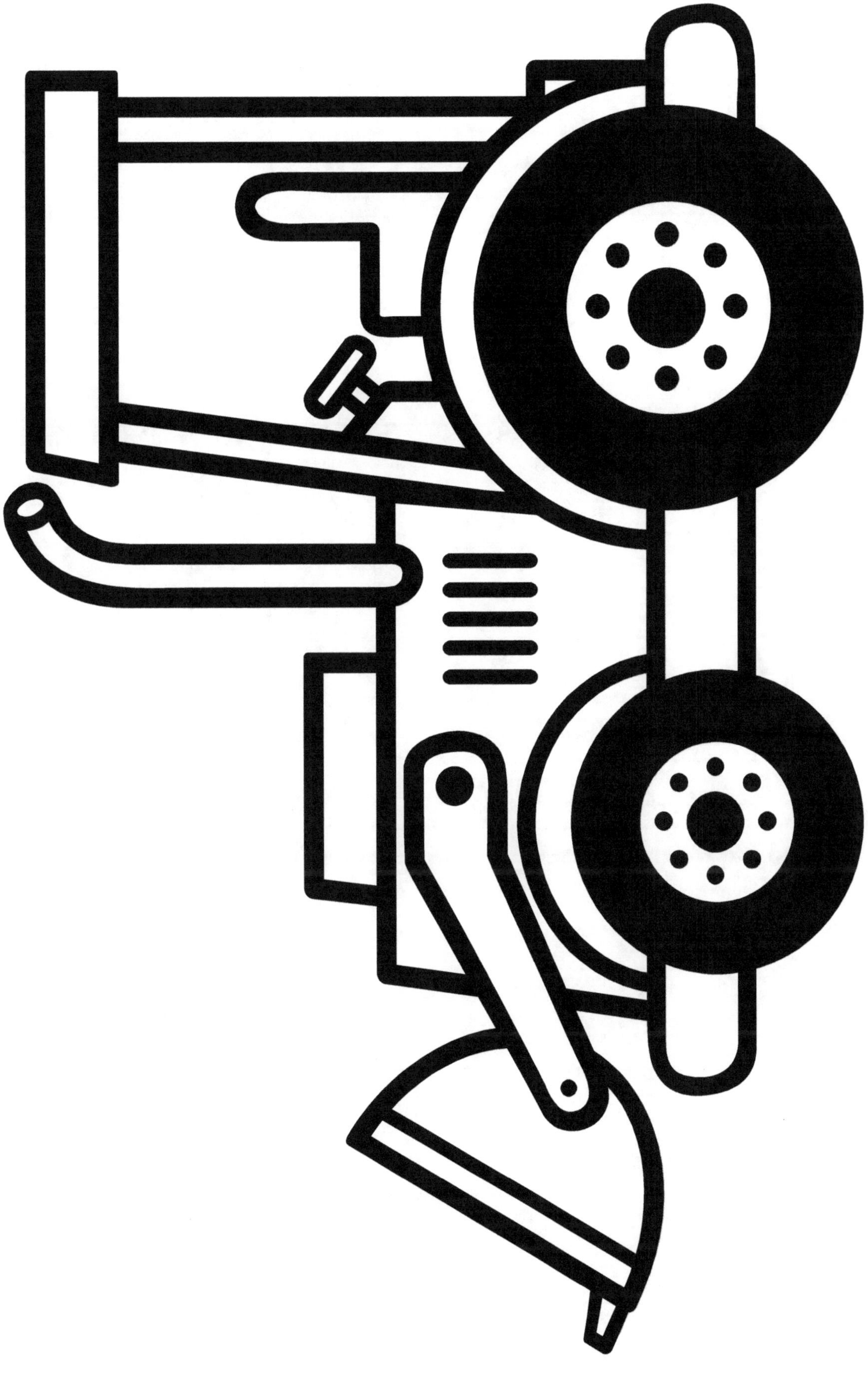

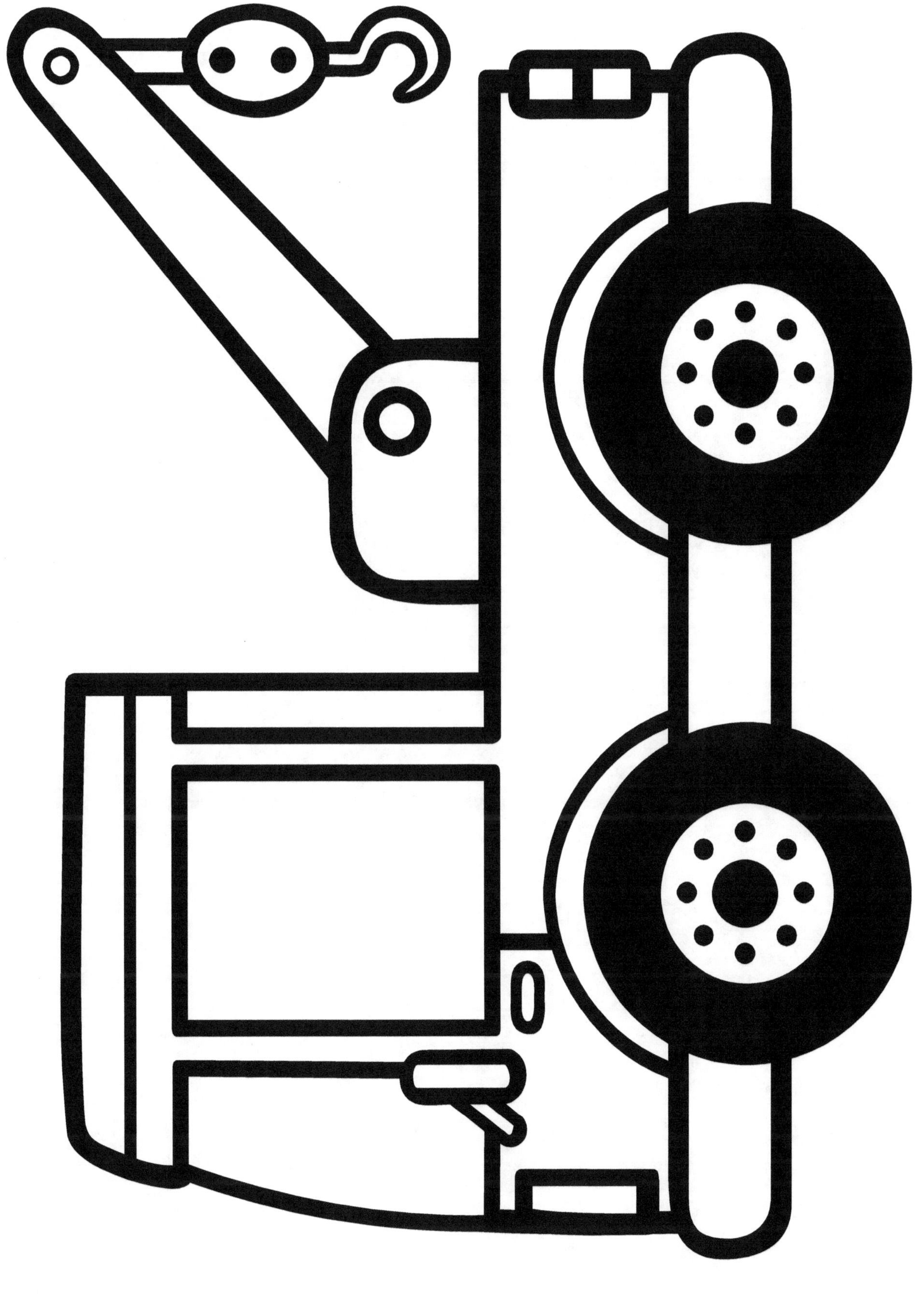

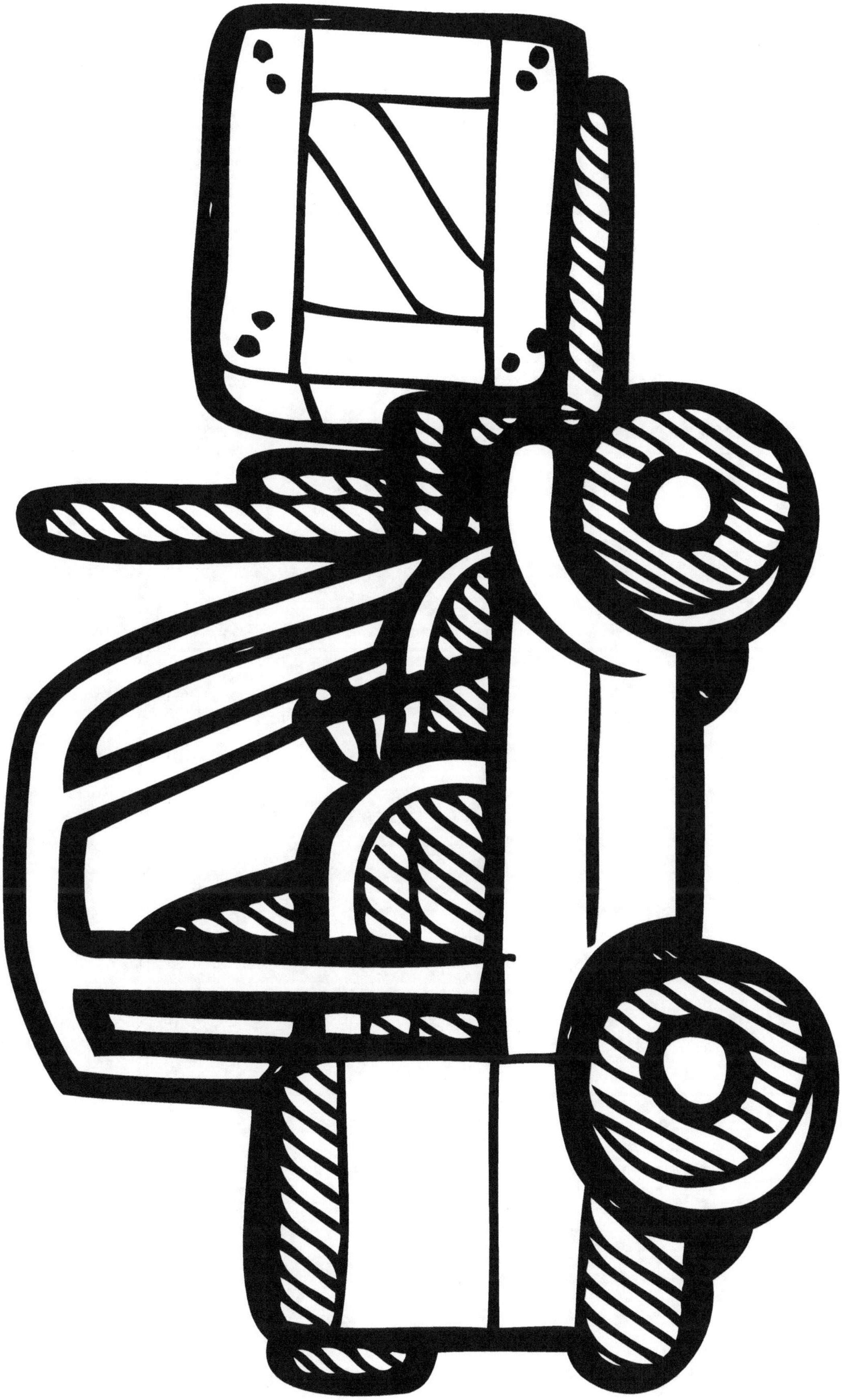

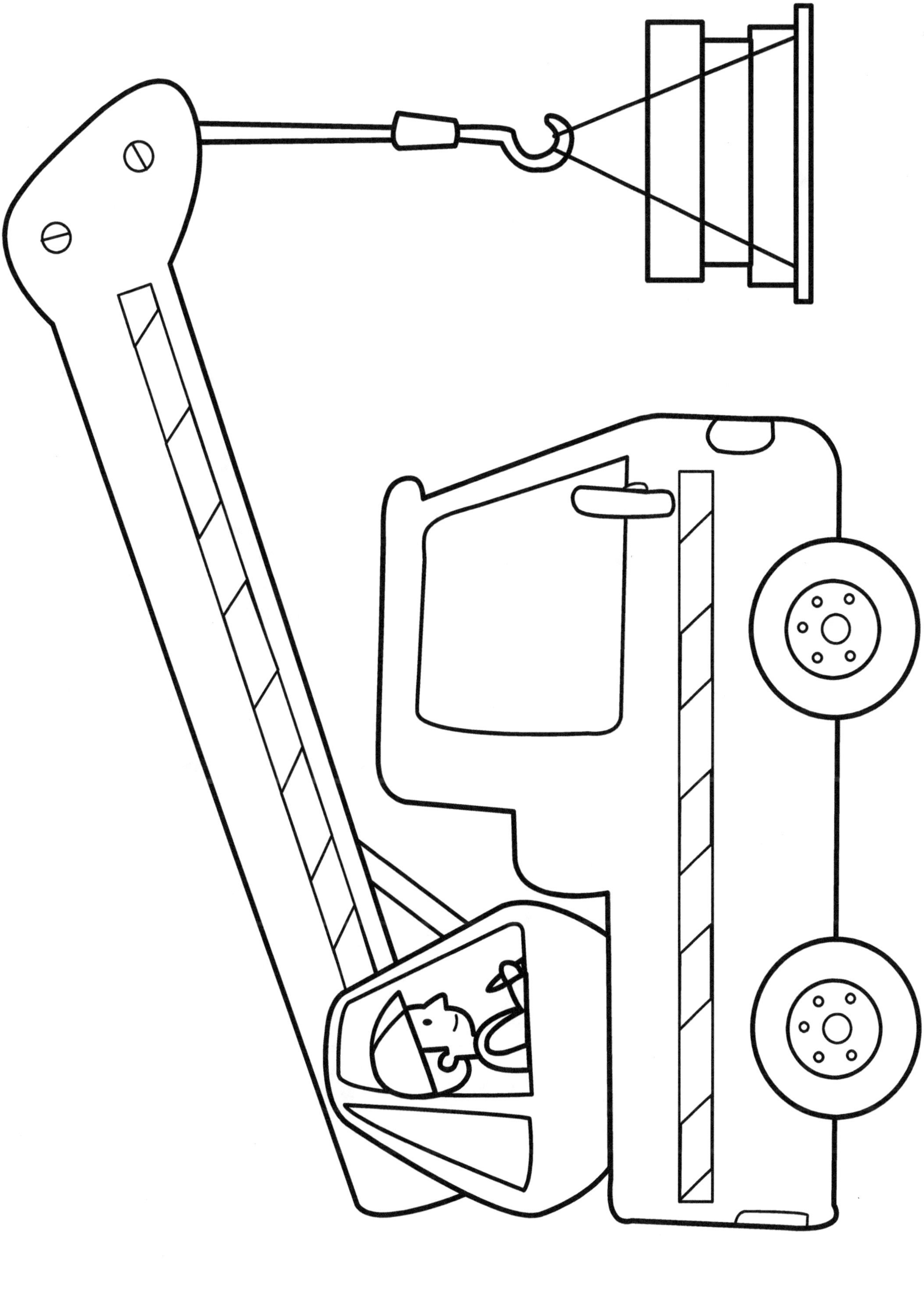

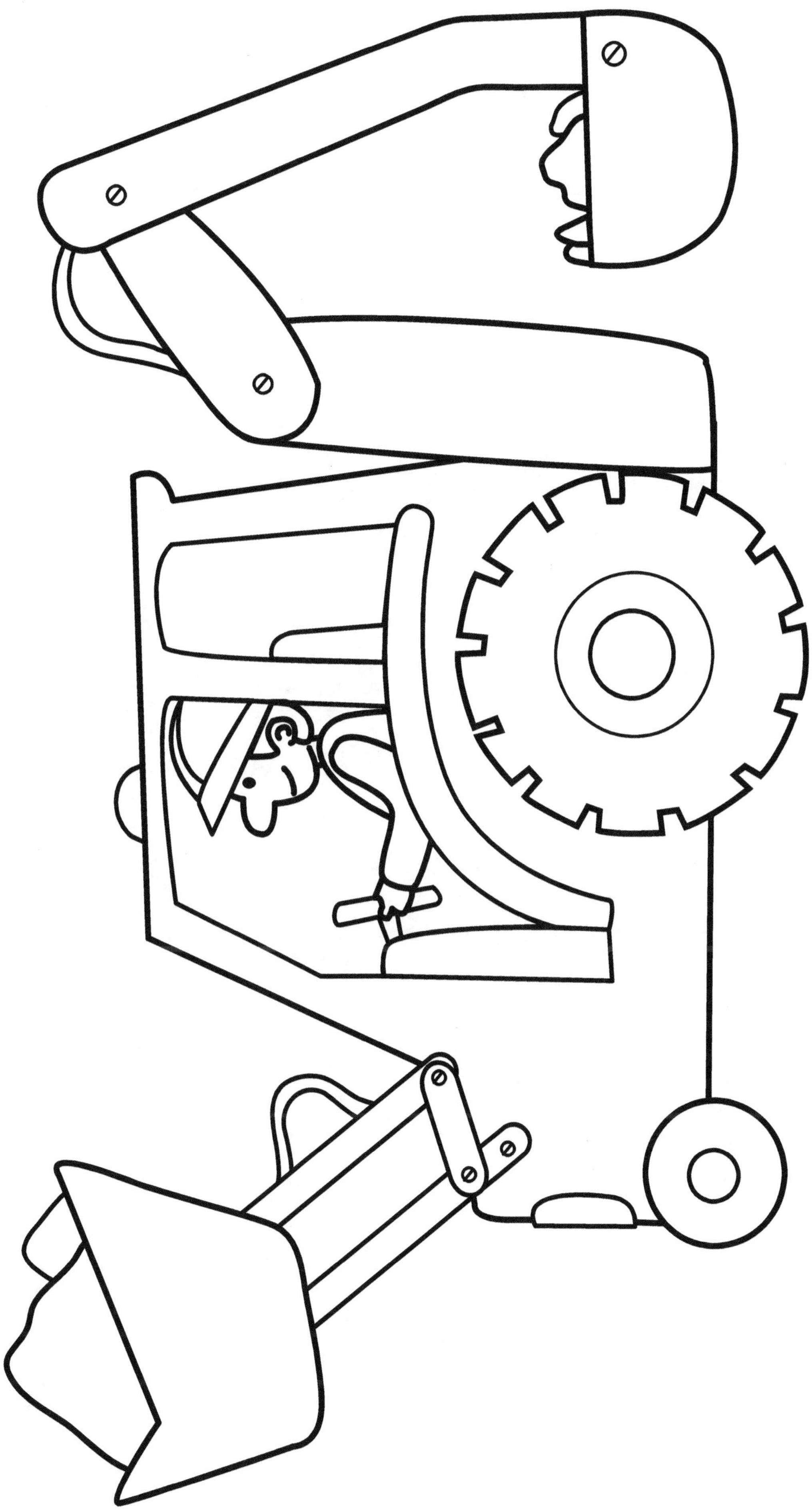

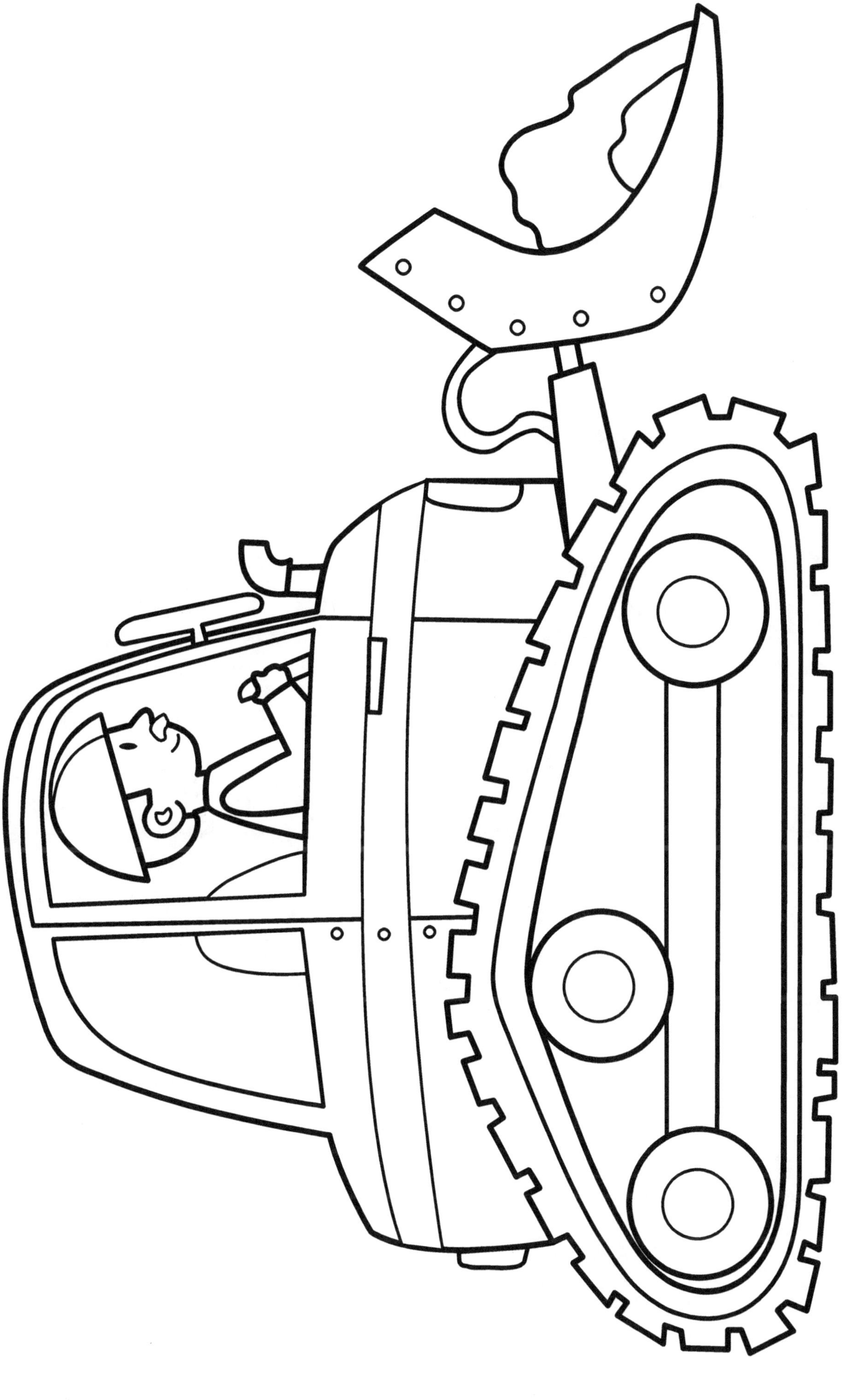

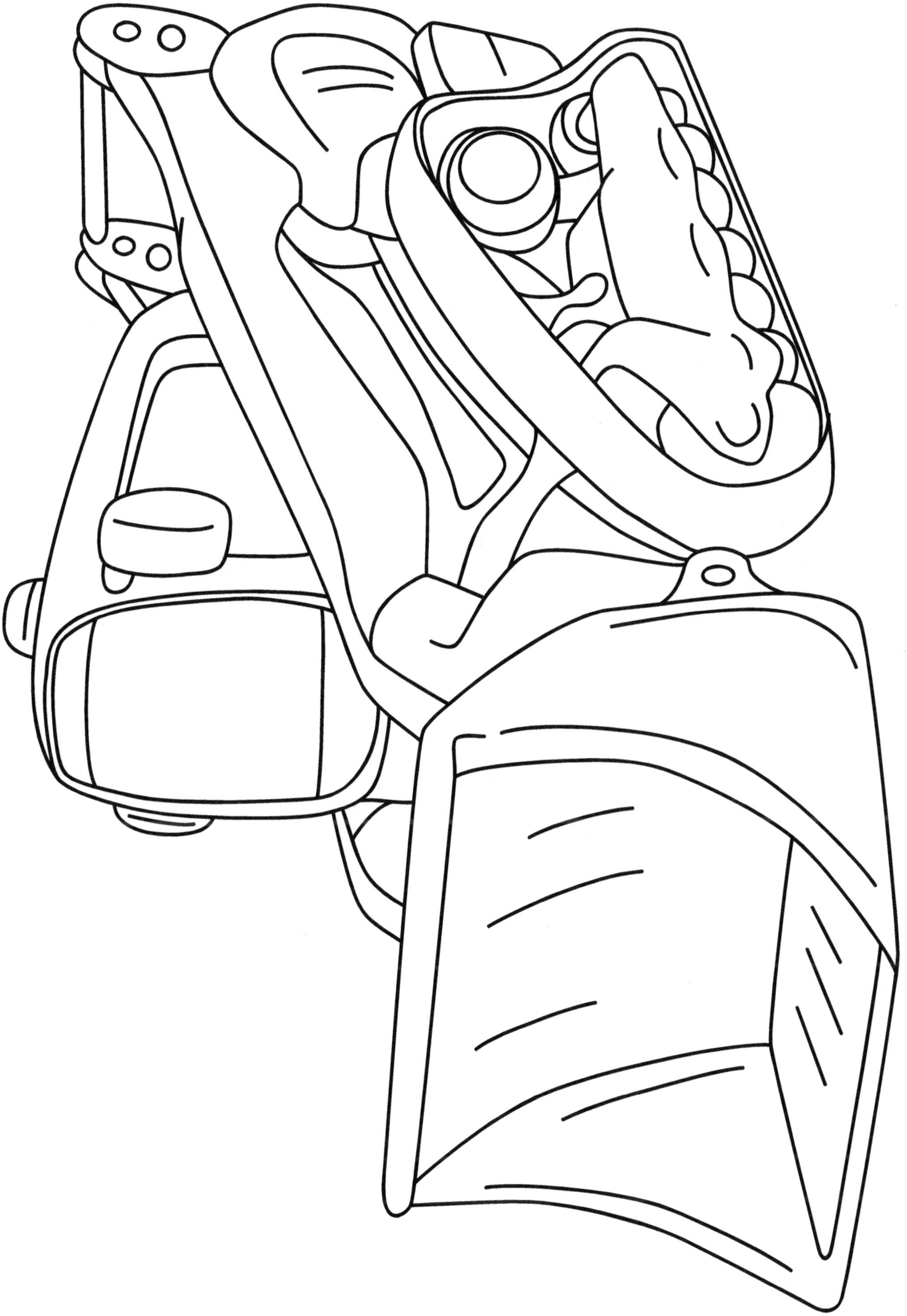

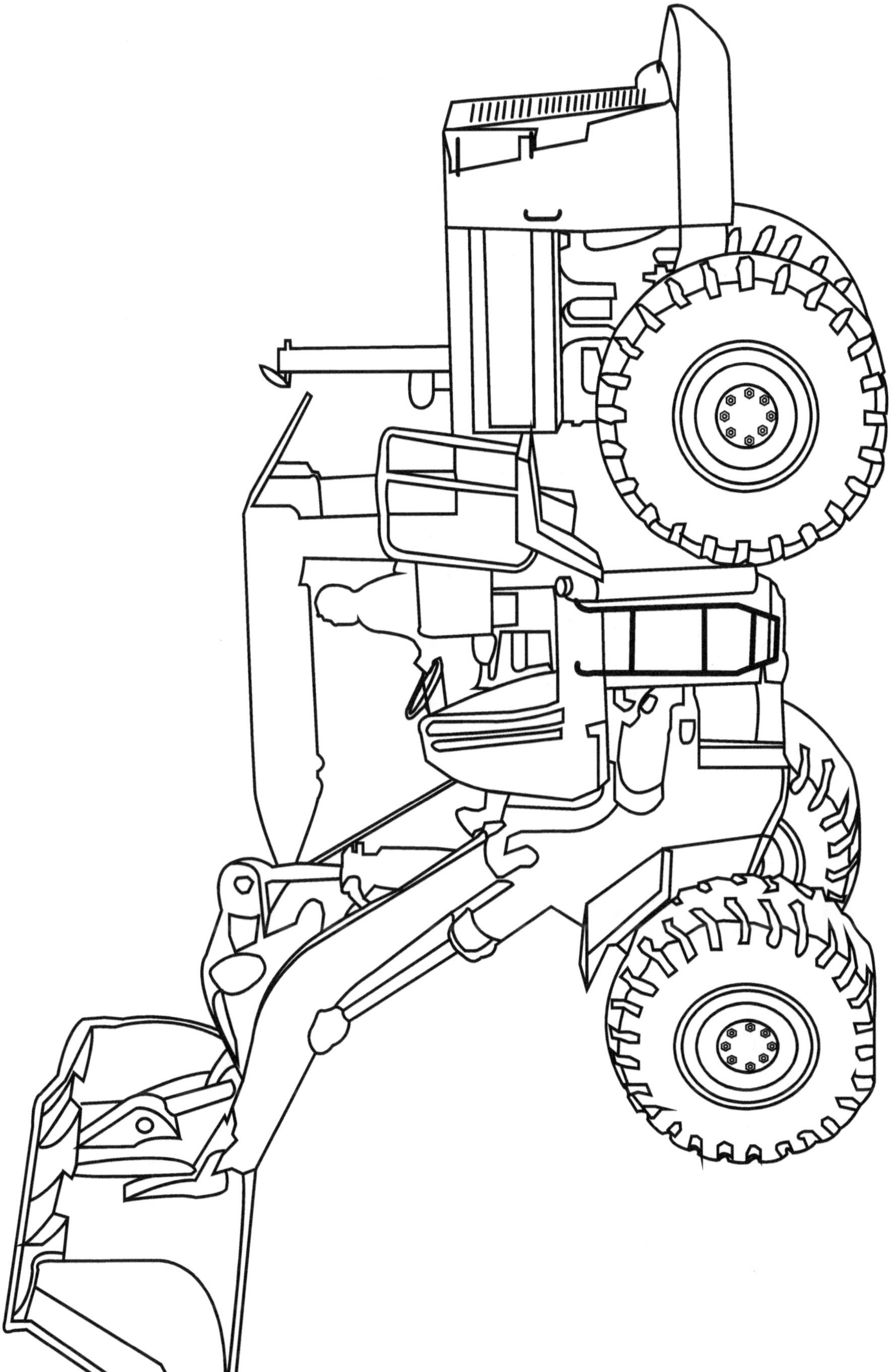

www.ingramcontent.com/pod-product-compliance
Lightning Source LLC
LaVergne TN
LVHW081545060526
838200LV00048B/2218
9781682122815